AF296327

MARTYROLOGE

ERREURS JUDICIAIRES

F

38108

PUBLICATIONS DE L'AUTEUR

Du jury en matière criminelle, et de son influence sur l'administration de la justice. — 1847.

De la nécessité d'une loi sur la réforme des prisons. — 1850.

Examen des nouveaux décrets sur le régime pénitentiaire. — 1852.

Théorie du code pénal espagnol. — 1860.

MARTYROLOGE

DES

ERREURS JUDICIAIRES

par

LAGET-VALDESON

Ancien Magistrat

Tant que les hommes n'auront aucun caractère certain pour distinguer le vrai du faux, une des premières sûretés qu'ils se doivent réciproquement, c'est de ne pas admettre, sans une nécessité démontrée, des peines absolument irréparables. N'a-t-on pas vu toutes les apparences du crime s'accumuler sur la tête d'un accusé dont l'innocence était démontrée quand il ne restait plus qu'à gémir sur les erreurs d'une précipitation présomptueuse? Faibles et inconséquents que nous sommes! nous jugeons comme des êtres bornés, et nous punissons comme des êtres infaillibles.

BENTHAM.

PARIS

COSSE ET MARCHAL

Imprimeurs-Editeurs, Libraires de la Cour de Cassation

Place Dauphine, 27

1863

AVANT-PROPOS

Le mouvement pour l'abolition de la peine de
mort se propage de toutes parts.

Honneur éternel à la Toscane, pour sa persévé-
rance à obtenir la réforme dont l'illustre Beccaria
a été le promoteur! Le prix de cette noble lutte,
qui a duré près d'un siècle, lui a été accordé par
Victor-Emmanuel, qui a illustré son règne par ce
grand acte d'humanité.

Plusieurs Etats ont rayé de leurs codes la peine
du talion : les grands-duchés de Saxe-Weimar et
d'Oldenbourg, le canton de Neufchâtel, les Etats
de Michigan et de Rodes-Island, la Roumanie, la
république de Saint-Marin.

Dans le grand-duché de Hesse-Darmstadt, dans
les duchés de Nassau, de Saxe-Cobourg et de

Saxe-Meiningen, les exécutions capitales sont in-
terdites.

Le nouveau code pénal suédois accorde aux juges
la faculté de ne jamais appliquer la peine capitale,
et d'y substituer toujours, quels que soient les crimes, la peine des travaux forcés à perpétuité.

A peine le Portugal venait-il d'exempter les femmes de l'échafaud que son abolition, en matière
civile et politique, a été approuvée à *l'unanimité* par
la commission parlementaire.

Le même vœu a été émis par le comité judiciaire
de Bade.

Au dernier Congrès des jurisconsultes allemands,
une proposition tendant à l'abolition de cette peine
n'a été rejetée qu'à *une seule voix* de majorité (41
adhérents contre 42 opposants).

L'Italie, foyer des aspirations généreuses, pour-
suit sans relâche l'œuvre humanitaire. Pétitions,
sociétés, publications, sapent incessamment ce
dernier vestige de la barbarie (¹).

La Belgique tient des meetings, et compte plusieurs associations abolitionistes.

La France n'est pas restée indifférente à ce grand
débat.

Dans toutes nos assemblées politiques, la tribune
a retenti de nombreuses protestations. Si les diver-

(1) A Bologne, d'éminents écrivains publient une revue réformiste.
Parmi les abolitionistes, nous citerons MM. Lafarina, Cassinis,
Mancini, Angelo Mazzoldi, Fiorruzzi, Pietro Ellero.

ses tentatives d'abrogation ont échoué, c'est parce qu'elles ont été faites au milieu des tumultes révolutionnaires.

Depuis 1825, la Société de la *Morale chrétienne* encourage la discussion par des concours.

Les diverses abolitions partielles (¹), l'usage fréquent du droit de grâce et des circonstances atténuantes, dans les affaires qui y répugnent le plus (le parricide *prémédité!*), sont autant de manifestations de l'esprit public.

Rendons un juste hommage à tous les généreux défenseurs de cette sainte cause : Beccaria, Voltaire, le grand-duc Léopold, l'abbé Morelet, Servan, les impératrices Elisabeth et Catherine II, Joseph II, Charles-Frédéric, margrave de Bade et de Dourlac; Duport, Grégoire, Lepelletier Saint-Fargeau, Carnot, Fonfrède, Lanjuinais, Brissot, Condorcet, Rœderer, de Gérando, de Pastoret, Mittermaier, de Savigny, Liwingston, James Mackentosch, Royer-Collard, Dupin, de Broglie, de Tracy, Victor Hugo, Lamartine, Lamennais, le docteur Perquien, de Sellon, Ch. Lucas, Faustin Hélie, Adolphe Chauveau, Louis Blanc, Ortolan, Rossi.

Tout a été dit pour et contre le maintien de la peine de mort.

Rappeler les scènes atroces qui souillent les annales judiciaires, exhumer les preuves tragiques de

(1) *Statistique.*

l'incertitude des jugements humains, tel est l'objet de cette Etude.

Puisse la France prendre l'initiative de cette réforme, et devancer les autres peuples dans cette grande conquête de la civilisation !

MARTYROLOGE

DES

ERREURS JUDICIAIRES

***

CHAPITRE Ier

Moralité de l'échafaud. — Mutilations.

La société a honte de l'échafaud qu'elle relègue insensiblement, prenant maintes précautions pour dérober au public cette sinistre exhibition *de la justice humaine*.

Quel sentiment anime cette foule, avide d'émotions, qui accourt aux exécutions! Rien ne rebute sa fébrile curiosité poussée jusqu'au cynisme, bivouaquant pendant plusieurs nuits, se livrant aux jeux et à la danse pour tuer le temps (1).

(1) Affaire des trois assassins de Saint-Cyr.

Dernièrement, à Versailles, le public a demandé à grand cris qu'on éloignât la charrette qui avait amené le condamné, parce qu'elle empêchait *de bien voir*.

Voulez-vous connaître leurs impressions ? Ils vous diront si le condamné a montré du courage, ou si c'est un cadavre qu'on a porté sur l'échafaud ; s'il est mort le blasphème sur les lèvres, ou s'il a écouté avec recueillement les dernières exhortations. Effusion de pitié pour le criminel, nulle indignation contre le crime : voilà l'*enseignement salutaire* que le peuple retire de ce sanglant spectacle !

Parfois la maladresse du bourreau ou l'imperfection de l'instrument du supplice provoquent des scènes atroces.

Hélène Gillet (cette jeune fille qui a inspiré à Charles Nodier une de ses nouvelles les plus émouvantes), condamnée pour infanticide, *sur un seul témoignage*, reçut un coup de hache qui effleura l'épaule. La femme du bourreau s'élança sur l'échafaud pour relever la patiente qui d'elle-même se remit à genoux et posa la tête sur le billot. Nouveaux coups de hache du bourreau frappés sans résultat. La fureur du peuple, qui avait déjà lancé des pierres, redoubla. L'exécuteur épouvanté s'était réfugié dans une chapelle voisine de l'échafaud. Alors sa femme, saisissant la corde qui avait servi à lier la malheureuse Hélène, la serra avec force autour du cou de la victime, et chercha à l'étrangler. Cette furie, se sentant atteinte par des pierres, tira la tête de l'infortunée à demi morte, et lui plongea jusqu'à dix fois ses ciseaux dans le visage, le cou et l'estomac. Enfin la foule, exaspérée par cet horrible spectacle, se rua sur l'échafaud et la massacra avec son mari (1).

(1) Hélène Gillet, emportée chez un chirurgien, fut rappelée à la vie. Elle s'écria alors : « Je savais bien que Dieu m'assisterait ! » Le Parlement la mit sous la garde d'un huissier jusqu'à ce qu'il en fût autre-

Le comte de Chalais, condamné par un tribunal *extraor-dinaire* (cour prévôtale de l'époque), reçut plus de trente coups d'épée et de hache, et cria jusqu'au vingtième.

Le vieux comte de Lally-Tollendal, condamné à être décapité *pour avoir trahi les intérêts du roi*, reçut sur la nuque un coup d'épée qui ne fit qu'entamer la mâchoire. Le coup avait été porté avec tant de force que Lally fut renversé la face contre terre ; mais, presque aussitôt, il se releva, et ses yeux flamboyants se fixèrent sur Jean-Baptiste Sanson, qui lui faisait face, avec une lamentable expression d'indignation et de reproche. A peine le cri d'horreur et de malédiction s'était-il échappé de la foule que la tête de Lally roulait sur l'échafaud (1).

Dans une ville du Midi (1831), un condamné fut *tail-ladé* par le fatal couperet. Cinq fois le fer tomba et retomba en *entamant* le malheureux ! A chaque coup, il poussait un cri. On lapida le bourreau qui s'enfuit sous sa machine. Alors la victime se dressa sur l'échafaud, soutenant sa tête à demi coupée qui pendait sur son épaule, et demanda avec de faibles gémissements qu'on vînt le détacher. Public et gendarmes allaient le délivrer, lorsqu'un valet du bourreau, jeune homme de vingt ans, monta sur l'échafaud, dit au patient de se tourner pour qu'il le déliât, et, profitant de la posture du moribond, sauta sur son dos et se mit à lui *saier* ce qui lui restait du cou (2) !

ment ordonné. D'une voix unanime, les habitants sollicitèrent sa grâce. Elle lui fut accordée par lettres-patentes de mai 1625. (Berryer, *Leçons et modèles d'éloquence judiciaire*.)

(1) *Mémoires de Sanson*, tome II.

(2) Victor Hugo, *Introduction* au *Dernier jour d'un condamné*.

L'indigène Abd-el-Kader-ben-Sail, condamné à mort par la cour d'assises d'Oran, a été exécuté le 15 décembre 1851.

Soit que l'humidité de la nuit eût agi sur le bois, soit que le patient, qui était d'une force musculaire peu commune, ait apporté quelque résistance et n'ait pas été placé convenablement, toujours est-il que l'exécuteur des hautes œuvres a dû s'y reprendre à trois fois pour compléter la décollation du malheureux. Une foule de *femmes* et *d'enfants* assistaient à cet horrible spectacle qui a vivement impressionné tous les spectateurs [1].

Dernièrement, à Palerme, l'exécution de trois assassins (affaire des Poignards) a été atroce. L'instrument du supplice fonctionnant mal, le bourreau les a tous manqués, et l'exécution a dû être interrompue pour arranger la machine. Pendant ce temps, les condamnés ont protesté de leur innocence au milieu d'une mare de sang [2].

En présence de ces corps mutilés, de ces bourreaux lapidés, de ces mares de sang, la conscience publique s'indigne et proteste contre ces actes de lèse-humanité!

L'appareil du supplice est un *frein*, dit-on, qui effraie et arrête les scélérats : supprimer cette *terreur salutaire*, ce serait désarmer la société ; ce serait la mettre en péril, en laissant aux grands criminels la chance de s'évader et de recommencer leurs méfaits.

Dans certaines familles, l'assassinat est héréditaire. Les

[1] L'*Ahkbar*.
[2] Correspondance du *Progrès de Lyon*.

trois frères Graft ont été condamnés à mort et exécutés;
les aïeux de Villet, qui a figuré dans le procès Lemaire,
sont morts sur l'échafaud.

Combien d'assassinats ne se commettent-ils pas dans
le même département où une exécution vient d'avoir
lieu? Est-ce que ces réprouvés, dans leur lutte incessante
contre la société, se préoccupent de la guillotine? *Ce
n'est qu'un mauvais quart d'heure*, disent-ils (¹). Plus
d'un forçat à perpétuité a tué son gardien pour en finir
avec la vie (²).

Croyez-vous qu'un châtiment qui les mettrait dans
l'impuissance de nuire ne serait pas plus exemplaire,
plus afflictif, surtout plus *moralisateur*?

Beaucoup de ces malheureux, jetés dans le monde sans
famille, poussés au crime par l'ignorance et la misère,

(1) Un nommé Maurice, enfant naturel, âgé de 29 ans, de retour
de Cayenne où il avait subi sa peine (10 ans de travaux forcés),
accusé de rupture de ban, de vols et d'assassinat, vient d'être condamné à mort.

En rentrant à la prison, voyant le visage morne des gardiens, il
leur a dit, presque en souriant : « Eh bien! c'est fait. » Puis, un
instant après, il s'est mis à manger. (*Le Droit.*)

(2) Géry, du bagne de Rochefort, âgé de 30 ans, assassine son adju-
dant. Arrivé au pied de l'échafaud, il s'écrie d'une voix forte : « Jour
de ma délivrance, je te salue!... Encore quelques secondes, et mes
fers vont tomber pour toujours!... Amis, qui m'entendez, je suis
plus heureux que vous. »

Petit, du bagne de Brest, commet le même crime. Voici sa réponse
au greffier qui vint lui lire l'arrêt : « Ne vous donnez pas la peine de lire
cet arrêt, je sais que c'est fait de moi. Je suis un scélérat, je mérite
la mort. J'ai vu exécuter, à Toulon, mon compagnon de chaîne, accusé
d'assassinat : c'est moi qui étais coupable, *c'est lui qui a été exécuté.
Je ne me repens pas; mais j'étais fatigué de la vie : je voulais
mourir.* » (*Le Monde criminel.*)

seraient amenés au repentir par les exhortations des respectables aumôniers.

« Tous les directeurs de prison s'accordent à dire que jamais on ne peut affirmer qu'un criminel est incorrigible. Souvent, après de longues années de stupeur, un coupable endurci a tout à coup ouvert son âme à la voix du directeur, de l'aumônier, de l'instituteur ; étant arrivé à comprendre sa dégradation morale, il a formé la résolution de s'amender. L'on cite des assassins qui, après de longues années d'une conduite irréprochable, ont refusé la grâce qu'on leur offrait, et sont restés volontairement en prison pour y remplir les fonctions les plus répugnantes des infirmiers (1). »

(1) Mittermaier.

CHAPITRE II

Erreurs judiciaires

« L'idée d'une erreur judiciaire, a dit Ortolan, allant frapper sans retour un innocent, est une idée devant laquelle recule notre esprit, et dont la réalisation ne sera jamais subie dans la société que comme une grande calamité. Or, même de nos jours, avec l'institution du jury, avec les procédures généreuses en usage, de pareilles erreurs se sont vues : il faut donc, dès qu'une telle erreur est reconnue, que les effets de la peine puissent cesser à l'instant. »

Les annales judiciaires vont nous fournir de nombreuses preuves de l'incertitude des jugements humains.

1599. — Les époux Bellanger, hôteliers, sont poursuivis pour assassinat de leur hôte, Jean Prost. Traînés au Châtelet, on les soumet plusieurs fois à la torture. Après une longue et cruelle détention, à la veille d'être condamnés, une circonstance providentielle les sauve. Un prisonnier, en mourant, s'avoue coupable du meurtre de Jean Prost (1).

(1) Berryer, *Leçons et modèles d'éloquence judiciaire.*

1687. — Les époux d'Anglade habitaient, place Royale, à Paris, le même hôtel que le comte de Montgoméry.

Pendant son absence, on lui vole une somme considérable et des bijoux. Il dénonce les d'Anglade comme les auteurs de cette soustraction.

Une perquisition fait découvrir une partie du vol dans leur grenier.

Le lieutenant-criminel, sur ce seul indice et sans interroger les domestiques du comte, ordonne l'arrestation des d'Anglade.

Le mari est conduit au Châtelet, la femme au Fort-Lévêque; on les enferme dans des cachots, comme des criminels.

Le 19 janvier 1688, d'Anglade subit la question ordinaire et extraordinaire. Les tortures ne peuvent lui arracher aucun aveu.

Le 16 février, il est condamné aux galères pour neuf ans et sa femme au bannissement pour le même laps de temps.

Traîné de cachot en cachot, atteint d'une grave maladie, d'Anglade fut déposé presque mourant sur l'ignoble charrette et conduit à Marseille, dans l'hôpital des forçats, où il s'éteignit bientôt, après avoir une dernière fois pris Dieu et les hommes à témoin de son innocence.

A peine venait-il d'expirer qu'il courut par le monde des lettres anonymes, dont l'auteur déclarait qu'avant de s'enfermer dans un cloître, en expiation de ses péchés, il se croyait obligé, pour l'acquit de sa conscience, de proclamer l'innocence de d'Anglade, et de désigner, comme les vrais auteurs du crime, un nommé Vincent, dit Belestre, fils d'un tanneur du Mans, et l'aumônier du comte, François Gagnard. Il indiquait la femme de la Comble comme pouvant donner de précieux renseignements.

L'information constata les antécédents les plus déplorables sur ces deux individus, arrêtés déjà pour d'autres méfaits. On rechercha, on trouva cette femme de la Comble qui fournit les détails les plus précis sur le vol exécuté à la place Royale. C'est Belestre qui en était le principal auteur ; Gagnard, son complice, avait donné les indications et les empreintes pour fabriquer les fausses clés.

Ces deux misérables avouèrent leur crime en face de la potence.

Madame d'Anglade obtint du conseil du Roi ses lettres de révision, et forma contre le comte de Montgomery une demande en dommages-intérêts. La lutte fut longue, soutenue avec acharnement par ce dernier. Enfin, par un arrêt définitif, en date du 17 juin 1693, le Parlement réhabilita la mémoire du mort, justifia sa femme, et condamna le comte à la restitution des sommes qui lui avaient été allouées à titre de réparation (1).

1689. — Vers la même époque, il se commit une autre erreur qui a une grande analogie avec la précédente.

Jacques Lebrun était entré, à l'âge de seize ans, en qualité de valet de chambre, chez une dame Mazel, riche veuve, qui occupait un hôtel rue des Maçons-Sorbonne, à Paris.

Après vingt-neuf ans d'une fidélité à toute épreuve, il

(1) A. Fouquier, *Causes célèbres*, cahier XXV.

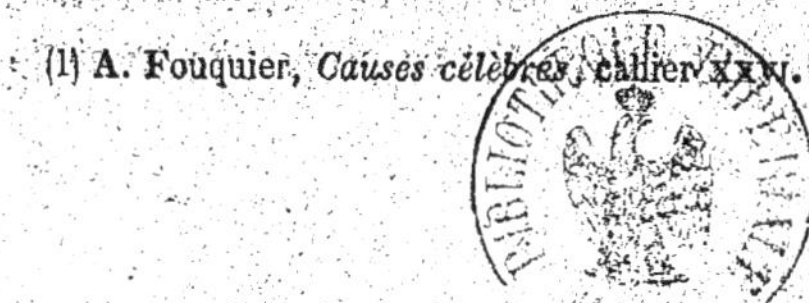

2

devenait l'intendant de la maison, et avait été couché
sur le testament de sa maîtresse pour une somme de
six mille livres.

Marié, vivant dans une parfaite union avec sa femme,
il élevait ses enfants dans la crainte de Dieu.

Le service de madame Mazel se composait de deux femmes de chambre, une cuisinière, un cocher et deux petits laquais. En outre, elle hébergeait son confesseur, un
moine défroqué, l'abbé Poulard.

Ses trois fils occupaient des emplois importants.

L'aîné, René de Savonnière, était conseiller au Parlement ; le second, trésorier de France en la Généralité
de Paris ; le dernier, major au régiment de Piémont.

Dans la nuit du 27 novembre, la dame Mazel fut assassinée. Les chirurgiens constatèrent cinquante blessures faites à l'aide d'un instrument tranchant. Aucune
de ces blessures n'était mortelle par elle-même ; la
grande effusion de sang avait seule causé la mort. La
victime avait donc pu crier.

Le magistrat instructeur trouva dans le lit un frag-
ment de cravate à coins brodés teint de sang ; et une
serviette, roulée en bonnet de nuit, gardant encore la
forme de la tête de celui qui l'avait portée, toute tachée
de sang et portant la marque de la maison. Dans les
cendres du foyer, on découvrit un couteau.

Entre les doigts tailladés de la victime étaient quelques
cheveux qui ne lui appartenaient pas.

On ne constata aucune soustraction, soit dans l'ar-
moire, soit dans le coffre-fort.

Lebrun fouillé fut trouvé porteur de la clé de l'office
et d'un passe-partout qui se trouva propre à ouvrir le

demi-tour de la serrure de la chambre à coucher. Cette découverte fixa les soupçons sur lui ; on le garda à vue.

On lui essaya la serviette en forme de bonnet ; elle était trop étroite pour sa tête. Ses mains, qui n'avaient pas encore été lavées ce jour là, ne portaient aucune empreinte de sang, aucune trace d'égratignure.

Le lendemain, une nouvelle perquisition fit découvrir dans un coin du grenier une chemise dont le devant et les manches étaient ensanglantées, et un col de cravate taché de sang aux deux bouts.

Des lingères, appelées comme experts, déclarèrent que ce linge n'appartenait pas à Lebrun. Une femme de chambre crut se rappeler avoir blanchi une chemise semblable pour un laquais du nom de Berry, chassé de la maison comme voleur. Une autre dit avoir vu à ce laquais une cravate à coins brodés, pareille à celle trouvée dans le lit de la dame Mazel. On ne tint aucun compte de ces précieuses indications qui auraient dû motiver une nouvelle information.

L'expertise relative aux cheveux trouvés entre les doigts de la victime et aux couteaux saisis chez Lebrun lui fut également favorable.

Malgré toutes ces présomptions d'innocence, Lebrun fut arrêté, ainsi que sa femme.

Le 18 janvier 1690, le Châtelet déclara Lebrun atteint et convaincu d'avoir eu part au meurtre de la dame Mazel, pour réparation de quoi il est condamné à faire amende honorable, à être roué vif et à expirer sur la roue, préalablement appliqué à la question ordinaire et extraordinaire pour avoir révélation de ses complices.

Sur son appel par devant la Tournelle, il fut condamné à la question ordinaire et extraordinaire avant faire droit. La torture ne put lui arracher aucun aveu.

Le 27 février, il intervint un arrêt définitif, infirmant la sentence de mort rendue par le Châtelet, et ordonnant un plus ample informé contre Lebrun et sa femme, qui fut mise en liberté.

Huit jours après cet arrêt, l'infortuné Lebrun, brisé par la torture, expira en pardonnant à ses juges et en protestant de son innocence, dont les preuves surgirent bientôt de tous côtés.

Berry fut arrêté ; on trouva sur lui la montre que la dame Mazel portait la veille de sa mort. La chemise et la cravate lui avaient bien appartenu. La serviette roulée en bonnet lui allait parfaitement, et le couteau avait été vu entre ses mains.

Désigné par l'opinion, l'abbé Poulard fut arrêté et conduit à la Conciergerie, où il fut confronté avec l'ancien laquais de la dame Mazel. A partir de ce moment, on n'entendit plus parler du moine défroqué.

Accablé par l'évidence, Berry voulut encore accuser Lebrun d'avoir été l'instigateur du crime ; mais, le jour de l'exécution, il fit les aveux les plus complets et déchargea sa conscience de cette calomnie.

Ce ne fut qu'au bout de cinq mois que la dame Lebrun obtint du Parlement la réhabilitation de son mari, et la confirmation du legs de six mille livres, malgré les efforts du conseiller Savonnière qui plaida pour ne pas payer l'indemnité qu'on eut l'injustice de refuser à cette pauvre veuve (¹).

(1) A. Fouquier, *Causes célèbres*, cahier XXVI.

1720. — Le sieur de Beaupré est condamné par les juges de Saumur à être roué vif. Reconnu innocent après sa mort, sa veuve fait condamner les juges à treize mille livres de dommages intérêts et aux dépens, tous solidairement (1).

1762. — Le Parlement de Toulouse reconnaît Calas coupable d'avoir tué son fils, qui s'était suicidé, pour l'empêcher de changer de religion. Sur l'échafaud, il proteste de son innocence, et prie Dieu de pardonner à ses juges que la calomnie avait trompés. Sa femme et ses enfants, après avoir subi les horreurs de la question, se réfugient à Genève et vont implorer la pitié du patriarche de Ferney, qui emploie tous les moyens pour faire réviser le procès. Grâce à ses efforts et à ceux d'Elie de Beaumont, l'arrêt du Parlement de Toulouse est cassé, la mémoire de Calas réhabilitée, et une indemnité accordée à sa famille.

« Jamais la justice et la vérité n'avaient remporté une plus belle et plus éclatante victoire (2). »

La même année, les époux Sirven, de Castres, accusés du même crime que Calas, sont condamnés à être pendus; leurs deux filles, déclarées complices, devront assister à l'exécution, après quoi elles seront bannies à perpétuité de la ville et juridiction de Mazamet.

Ils se réfugient en Suisse, traversant, au cœur de l'hiver, des montagnes couvertes de neige. La fille aînée, mariée depuis un an, presque mourante, accouche sans secours au milieu des glaces.

(1) A. Fouquier, *Causes célèbres*, cahier XXVII.
(2) Henri Martin.

Le généreux Élie de Beaumont prit en main la défense de ces infortunés, prouva leur innocence dans un remarquable mémoire, et eut le bonheur de faire casser l'inique sentence des juges de Mazamet.

1770. — Une vieille femme, adonnée aux liqueurs fortes, est frappée dans la nuit d'une attaque d'apoplexie foudroyante. Les voisines accusent son fils et sa belle-fille de l'avoir assassinée, sur le prétexte d'une prétendue mésintelligence.

Une instruction a lieu, et les premiers juges, faute de preuves, ordonnent un plus ample informé, en retenant toutefois en prison les époux Montbailli.

Il se trouve un procureur du roi qui a le courage de relever appel à *minima* de cette décision !

Le conseil d'Arras, sans interroger de nouveaux témoins, sans confrontation des accusés avec ceux qui avaient été entendus, condamne ces infortunés à être rompus vifs et à expirer dans les flammes.

Le mari subit la peine; la femme, grâce à l'intervention de son avocat et de Voltaire, obtient la révision du procès devant de nouveaux juges (ceux d'Arras ayant été destitués), et réussit à faire casser l'arrêt (1).

1774. — Au commencement du règne de Louis XVI, trois hommes, condamnés à la roue *pour les cas résultant du procès*, traînés pendant trois ans dans cinq prisons et devant cinq tribunaux, allaient subir leur peine lorsqu'un ordre royal vint suspendre l'exécution. Le prési-

____

(1) Voltaire, *Politique et législation*, tome II.

dent Dupaty avait adressé au roi un éloquent mémoire qui justifiait ces malheureux.

Le Parlement de Bordeaux, furieux contre ce généreux magistrat, un de ses membres, qui, en signalant les vices et les abus de la législation criminelle, demandait des réformes, condamna le mémoire à être brûlé. Néanmoins la bonne cause triompha, les accusés furent renvoyés absous (1).

1793. — A Aix, un propriétaire est assassiné dans sa maison. Un des locataires, cordonnier, surnommé le Rouge, reconnu par les voisins au moment où il sortait de la maison, est condamné à mort et exécuté.

Longtemps après, un individu, sous le coup d'une accusation capitale, proclame l'innocence de le Rouge, en révélant qu'il s'était emparé du tablier et de la perruque de l'infortuné cordonnier avant de commettre le crime (2).

1796. — Lesurques, sa mère, sa femme et son ami Legrand sont devenus *fous*.

Depuis soixante-sept ans, la famille réclame en vain la révision du procès !

Pourquoi tant tarder à modifier l'article 442 du code d'instruction criminelle ?

1817. — Wilfrid Regnault, reconnu coupable d'assassinat, est condamné à la peine capitale.

Benjamin Constant, prenant généreusement la défense

(1) Berryer, ouvrage cité.
(2) Ce procès est de notoriété publique à Aix.

d'un inconnu, publie deux lettres remarquables sur ce procès, dans lesquelles il démontre avec une rare logique que des faits étrangers au crime avaient été allégués contre Regnault pendant et dans l'instruction; que ces faits, transmis par la police et revêtus d'une apparence officielle, ont été cités à l'appui des charges; qu'ils étaient destinés, de l'aveu de ceux qui les communiquaient aux jurés et aux juges, à influer sur leur décision; qu'il n'a pas été permis à son défenseur de les réfuter; enfin que tous ces faits étaient faux.

La seconde lettre, suivie d'une supplique au Roi, signée par M. Odilon-Barrot obtint une commutation de peine (1).

1823. — Devant la cour d'assises de Versailles, un vieillard, père de nombreux enfants, est accusé de l'assassinat d'un de ses voisins. Les charges les plus fortes pèsent sur sa tête; des témoins que l'on croit desintéressés, viennent déposer contre lui. Les jurés, convaincus de sa culpabilité, le condamnent *à l'unanimité*; la peine de mort est prononcée. Cependant la cour suprême, appelée à examiner si l'arrêt a été rendu dans les formes exigées par la loi, aperçoit un moyen de nullité; le casse, et renvoie l'infortuné devant les assises de Paris. De nouveaux témoins sont entendus, les nuages se dissipent, la vérité se fait mieux connaître, le ministère public abandonne l'accusation, et l'homme qui, deux mois auparavant, était condamné à périr sur l'échafaud, est acquitté *à l'unanimité* (2).

(1) Œuvres de Benjamin Constant.
(2) Taillandier, *Réflexions sur les lois pénales.*

Le Lann est condamné à mort par la cour d'assises du Finistère. Renvoyé devant les assises du Morbihan, son innocence est reconnue (¹).

1824. — Les frères Verse, condamnés à la peine capitale par la cour d'assises de Toulouse, adressent une pétition à la chambre des députés ; ils sont reconnus innocents au moment de l'exécution (²).

1826. — Michel Ferrié, de Sigean, est condamné à *mort*, comme coupable d'assassinat, par la cour d'assises de l'Aude. Renvoyé devant celle de l'Hérault, il est condamné à *cinq ans d'emprisonnement* (³).

Chatain, accusé de plusieurs infanticides, est condamné à la peine capitale par la cour d'assises de la Drôme. Il est acquitté par celle de l'Isère (⁴).

Pierre Berthé, condamné à *mort* comme assassin par la cour d'assises de la Marne, est *acquitté* par celle de l'Aisne (⁵).

Brion est condamné à *mort* par la cour d'assises de la Seine-Inférieure. Pendant les délais du pourvoi en cassation, des renseignements parviennent à la justice, d'après lesquels la *véracité de plusieurs témoignages* peut

(1) Ch. Lucas, *Du système répressif*.
(2) Ch. Lucas, même ouvrage.
(3) *Gazette des Tribunaux*, 20 juillet.
(4)   *Id.*   4 septembre.
(5)   *Id.*   14 septembre.

être suspectée. Un sursis à l'exécution de l'arrêt est ordonné par le garde des sceaux (1).

Pierre Gourrand, accusé de tentative d'assassinat, est condamné à *mort* par la cour d'assises de Moulins. Il est *acquitté* par celle de Riom (2).

Pierre Dufouilloux, condamné à mort, comme incendiaire, par arrêt de la cour d'assises de la Charente, est *acquitté* par arrêt de la cour d'assises de la Gironde (3).

Marie Gaillard, condamnée pour crime d'infanticide par la cour d'assises de Toulouse, est *acquittée à l'unanimité* par la cour d'assises de Tarn-et-Garonne (4).

1831. — « Au lendemain de notre merveilleuse conquête d'Alger, raconte Louis Jourdan (5), une famille alsacienne qui avait suivi l'armée s'établit près de Kouba aux environs d'Alger. Elle avait pour voisins une famille indigène très riche et très honorable, la famille Ben-Kaddour, qui, entre autres biens, possédait les terrains sur lesquels s'élèvent aujourd'hui le jardin d'essai et la pépinière du gouvernement. Les petits enfants de Ben-Kaddour, pour qui les mots de conquérant et de roumi (chrétien) n'avaient aucune signification, jouaient volontiers avec les petits Alsaciens. Un jour, crime horrible ! un de ces derniers fut trouvé assassiné, et, sans doute, pour détourner des vrais coupables l'attention de l'autorité juciciaire, la voix publique accusa un des en-

<hr>

(1) *Gazette des Tribunaux*, du 20 octobre.
(2)   *Id.*   19 novembre.
(3)   *Id.*   15 décembre.
(4)   *Id.*   29 décembre.
(5) *Le Siècle* du 5 octobre 1861.

fants indigènes, le jeune Soliman Ben-Kaddour, alors âgé de neuf à dix ans.

» La fréquence des attentats commis contre les Français rendait nécessaire une éclatante répression. Le malheureux enfant fut arrêté et jugé par un conseil de guerre qui le condamna aux travaux forcés à perpétuité.

» Vous figurez-vous le désespoir de cette famille, et la douleur de ce petit Soliman, lorsqu'il fut conduit en France, enchaîné comme un malfaiteur, et enfermé dans un bagne, dans cet horrible enfer, au milieu des natures les plus perverses et les plus corrompues!

» Ce forçat, de dix ans à peine, subit ce terrible châtiment immérité avec la résignation d'un sage. Chose incroyable! dans ce milieu de corruption, il ne se corrompit pas. Son extrême jeunesse, sa douceur lui attirèrent la bienveillance de quelques personnes. Il apprit non seulement à parler français, mais à l'écrire correctement, en même temps qu'il apprit à écrire l'arabe, sa langue maternelle. Mais de ses parents, il ne sut plus rien. Le malheur avait dispersé et ruiné sa famille.

» Et il vécut ainsi jusqu'en 1848 : dix-sept ans d'un pareil supplice! L'imagination hésite à sonder un tel abîme de douleur et d'iniquité. Le ministre de la justice, informé de l'existence et des malheurs de Soliman Ben-Kaddour fit examiner le dossier de son procès, recueillit quelques renseignements, et reconnut l'innocence de cet infortuné. En attendant les régularisations d'une révision, il ordonna la mise en liberté du pauvre martyr. »

1843. — Philippi, condamné, comme coupable d'assassinat, aux travaux forcés à perpétuité, obtient la cassation de l'arrêt sur un pourvoi en cassation ; les vrais coupables ayant été découverts et condamnés : il passe plus de deux ans au bagne (¹).

1848. — Lesnier fils, condamné, pour meurtre et incendie, aux travaux forcés à perpétuité, obtient également la révision, le vrai coupable, faux témoin contre lui, ayant été reconnu et condamné. C'est lui qui a écrit à Frédéric Thomas : « Un *miracle* m'a rendu à la vie civile. J'ai passé au bagne sept années de ma vie, les plus belles années de ma jeunesse, et je frémis en songeant que, trois ans plus tard, la prescription pouvait couvrir les auteurs de mes maux et frapper la justice d'impuissance. »

1854. — Louarn et Buffet sont condamnés, l'un à perpétuité, l'autre à vingt ans de travaux forcés. Le premier était âgé de 36 ans, le second de 51. Ils avaient été reconnus par trois témoins *à la voix et presque à la taille*. Louarn est mort au bagne de Brest, Buffet à Cayenne ! Jusqu'au dernier moment, ils ont protesté de leur innocence (²).

1855. — Mallett est condamné, aux assises de Londres (cour centrale criminelle), à la peine de mort, comme coupable de vol avec violence. Cette peine est commuée, sur la recommandation du jury, en quinze années de transportation. Son innocence est judiciairement reconnue par preuve de faux témoignage contre lui : sa grâce lui

____

(1) Ortolan, *Eléments de droit pénal*.
(2) *Lettres sur le palais*, par Frédéric Thomas.

est accordée la veille même du jour de sa transportation (¹).

1861. — En Corse, dans une tournée électorale, les
partisans des deux candidats se rencontrent. Des menaces
sont proférées, des pierres lancées, le sieur Filippi tombe
mortellement atteint d'un coup de pistolet.

Renausi, dit Rousseau, qui avait pris la fuite après
l'événement, est signalé et reconnu par deux témoins.

Traduit devant la cour d'assises de Bastia, il est condamné à vingt ans de travaux forcés.

Après six mois de séjour au bagne, à la veille d'être
transporté à Cayenne, Renausi adresse un mémoire au
Procureur général de la Corse, dans lequel il dénonce
son cousin Simoni comme le véritable auteur du meurtre de Filippi.

Une nouvelle information démontre la culpabilité de
Simoni, qui est condamné à son tour à vingt ans de travaux forcés par la cour d'assises de Bastia.

La cour de cassation, saisie par une requête de M. le
Garde des sceaux, reconnaissant la contradiction et l'in-
conciliabilité des deux arrêts, renvoie Renausi et Simoni
devant la cour d'assises de Nîmes, qui acquitte le premier, et condamne le second, grâce à son aveu, à sept
ans de travaux forcés.

— Le 16 août de la même année, Rosalie Doize est
condamnée, pour crime de parricide, aux travaux forcés
à perpétuité. Il fut établi qu'elle vivait en mauvaise intel-

____

(1) Ortolan, ouvrage cité.

ligence avec son père, contre lequel elle avait proféré des menaces à diverses reprises. En outre, pendant l'instruction, après avoir longtemps protesté de son innocence, elle avait fini par faire l'aveu de son crime.

Un an plus tard, deux Belges, arrêtés pour d'autres méfaits, sont reconnus coupables de meurtre du vieux Martin Doize.

A l'audience de la cour d'assises de Douai, la femme Gardin a expliqué son aveu par les angoisses du secret trop prolongé et les tortures d'un cachot obscur et étroit.

Sans l'admission des circonstances atténuantes, la malheureuse femme portait sa tête sur l'échafaud, et le martyrologe comptait une nouvelle victime.

Dans l'espace d'un siècle, voilà cinq *innocents* égorgés juridiquement! Les autres victimes de la faillibilité humaine n'ont dû leur salut qu'à des circonstances providentielles. Plusieurs, condamnées à *mort*, ont été *acquittées* par suite de la cassation de l'arrêt.

Finira-t-on par comprendre qu'un juge *faillible* n'a pas le droit de prononcer une peine *irréparable?*

« Ai-je besoin de rappeler la faillibilité de l'homme, l'incertitude des preuves, les erreurs des jugements! La justice peut retrouver le coupable fugitif; elle ne retrouve pas l'innocent égorgé (¹). »

(1) De Pastoret, *Lois pénales.*

CHAPITRE III

De la Transportation.

Le châtiment le plus répressif, destiné à remplacer la peine de mort, c'est sans contredit la transportation.

« Six mille condamnés, renfermés dans nos bagnes de Toulon, de Brest et de Rochefort, grèvent notre budget d'une charge énorme, se dépravent de plus en plus et menacent incessamment la société. Il me semble possible de rendre la peine des travaux forcés plus efficace, plus moralisatrice, moins dispendieuse et en même temps plus humaine, en l'utilisant aux progrès de la colonisation française (*). » (*Message du Président de la République*, du 12 novembre 1850.)

(1) Le premier convoi de déportés, provenant des bagnes de Rochefort et de Brest, composé de 300 individus, comptait 150 assassins. Le commissaire général de la colonie les accompagna à bord de la corvette l'*Allier*, et, en présence de l'état-major, il leur adressa quelques paroles paternelles, pour leur faire comprendre l'ère de régénération qui allait s'ouvrir pour eux : « En France vous êtes des criminels, leur a-t-il dit, ici je ne veux voir que des hommes repentants. Lorsque vous aurez fait un retour sincère à de bons sentiments, le gouvernement de France, sur ma demande, vous enverra vos familles, et vous les abriterez dans les maisons que vous aurez construites vous-mêmes, et vous les nourrirez avec le champ que vous aurez cultivé. La vie nouvelle dont vous allez vivre, et la colonisation de ce

Procurer des travailleurs à notre colonie qui manquait de bras pour percer ses immenses forêts et défricher ses vastes terres vierges ; stimuler les condamnés par la perspective de concessions de terrains, les réhabiliter enfin par les liens de la famille (¹) et de la propriété, c'est une pensée éminemment philanthropique et sociale.

Outre ces avantages, le décret du 28 mars 1851 a délivré nos grandes villes de tous ces forçats libérés et évadés qui exécutaient avec une audace incroyable les vols concertés pendant leur détention.

Depuis cette époque, les associations entre malfaiteurs ont considérablement diminué.

« Trois cents prisonniers, racontait un voyageur, témoin de la première installation à Saint-Laurent, abandonnant les lieux habités (²), ont remonté une rivière, et, attaquant sur un de ses bords la forêt vierge qui la couronne, ont ouvert une clairière, débarrassé le terrain des bois et des broussailles, défriché, planté des arbres fruitiers, semé des légumes, scié des bois, construit des

beau pays, seront une des gloires du Prince Président de la République et de son Ministre. » Nous avons remarqué, ajoute l'*Armoricain de Brest*, auquel nous empruntons ces détails, que les figures, d'abord sombres et tristes, de ces hommes se sont épanouies sous l'influence de ces paroles chaleureuses et pleines d'émotion.

(1) Après avoir subi deux ans au moins de leur peine, tant en France que dans la colonie, les condamnés des deux sexes, qui se seront rendus dignes d'indulgence par leur bonne conduite et leur repentir, pourront obtenir l'autorisation de contracter mariage. Les premiers ont été célébrés avec une grande solennité, en présence de l'Evêque et des autorités supérieures.

(2) A leur arrivée, les condamnés avaient été déposés aux îles du Salut, érigées en quartier général de la transportation, pour être de là évacués dans des succursales sur mer ou sur terre.

loges, tracé des avenues qui deviendront des têtes de routes, élevé un quai, établi des chantiers de charpentiers, de menuisiers, de sabotiers, monté des fours à briques, préparé des terres pour la culture et érigé une église dont le clocher envoie dans le feuillage des tintements qui animent la solitude. Le village naissant n'éveille aucune idée de prison, et le châtiment des fautes se réduit à renvoyer les coupables sur un autre pénitencier pour les remplacer par de meilleurs sujets (¹). »

Voici quelques détails sur le départ des condamnés pour Cayenne :

Lorsque le choix du personnel a été fait, on le caserne dans une salle spéciale entièrement séparée du bagne. La première opération consiste à déferrer les condamnés et à remplacer l'anneau d'un kilogramme par un autre qui pèse seulement 500 grammes. Le jour d'embarquement, chaque forçat sort de la salle à l'appel de son numéro, et il se présente littéralement nu, afin que l'on puisse s'assurer s'il ne cache pas le moindre objet de contrebande. On lui remet alors une chemise, un pantalon, une vareuse, une paire de souliers et un bonnet de laine grise, et, lorsqu'il est entièrement habillé, il reçoit un paquet renfermant un vêtement complet de rechange. Il va ensuite prendre son rang sur le quai de l'arsenal, et lorsque les condamnés ont subi cette transformation, on les embarque dans des canots qui les conduisent à bord du navire en partance (²).

(1) De la *Guyane française*, par Jules Duval. (*Revue des Deux-Mondes.*)
(2) Le *Temps* du 29 juillet 1861.

Le choix de la Guyane a rencontré des détracteurs, surtout parmi certains publicistes étrangers qui, animés d'une haine jalouse contre nos grandes entreprises, n'ont pas craint d'avancer que la mortalité s'élevait au chiffre de 20 et même de 40 %.

« Quoique située dans la zône équatoriale, il est de notoriété que la température de la Guyane est bien moins élevée qu'on ne pourrait le supposer d'après sa latitude. Le tableau des résultats des observations thermométriques faites à l'hôpital de Cayenne pendant les trois années 1845, 1846 et 1847, présente la moyenne de 27 degrés centigrades. La température s'abaisse de 22 à 23 degrés 5 % au minimum, et s'élève au maximum de 31 à 32 degrés [1]. »

Il résulte de renseignements pris à bonne source que la mortalité des dernières années n'a pas dépassé celle des bagnes, 18 % [2].

Cayenne possède une vaste étendue de terres vierges, propres à toutes les cultures tropicales. Ses immenses forêts pourront fournir pendant des siècles les bois qui manquent à nos constructions civiles et militaires. Depuis trois ans, les bois du Maroni arrivent en France, et sont très recherchés. A l'exposition de Londres, la Di-

[1] Rapport de la commission présidée par l'Amiral Mackau, composée d'anciens gouverneurs de Cayenne et d'officiers supérieurs de marine.

[2] Cayenne n'est pas sous la menace permanente des ouragans qui dévastent les Antilles ; les cas de marée et les tremblements de terre y sont très rares et inoffensifs. La fièvre jaune, ce terrible fléau qui ravage le Mexique et la Louisiane au nord, le Brésil au sud, ne fait à Cayenne que de lointaines apparitions. (Jules Duval, *Revue des Deux-Mondes*.)

rection des pénitenciers a obtenu une médaille pour ses bois et son coton.

La culture du tabac a parfaitement réussi.

Il résulte d'un rapport de l'agent général de culture et de colonisation que, sur une plantation modèle de tabac, commencée à Cayenne au mois de septembre 1861, cinq récoltes successives ont été faites, dans le même sol et de la même manière, pendant l'espace de douze mois, et ont donné un rendement brut de 3,055 kilogrammes qui ont fourni 110 kilogrammes de tabac préparé. (L'*Économiste français* du 25 juillet dernier.)

On regrettait généralement que l'exécution de la transportation fût placée sous le régime militaire ; ce service vient d'être annexé à la direction de l'intérieur.

Il serait à désirer que tous les condamnés fussent *exclusivement* employés aux travaux de la colonisation du pays, et qu'on interdît le louage des transportés chez les colons.

Ne serait-il pas juste également d'étendre les concessions de terrains aux célibataires ?

On a centralisé tous les éléments épars des bagnes coloniaux sur tout le littoral compris entre le Maroni et le Kourou. Il y aurait même, depuis le 17 juin 1862, un commencement d'exécution de ce projet, et déjà des fermes commenceraient à s'établir et à s'échelonner de manière à relier ces deux points de la colonie entre eux. L'œuvre humanitaire conçue par l'Empereur recevra ainsi, il faut l'espérer, son accomplissement (¹).

La suppression des bagnes, foyer de corruption et de

(1) Wolf, l'*Economiste français*.

complots incessants contre la société, a dignement inau-
guré l'ère des réformes pénales.

La transportation, complément du régime pénitentiaire, doit rassurer les honnêtes gens et intimider les
scélérats (¹); c'est le dernier acheminement à l'abolition
de la peine de mort.

(1) En signalant une diminution dans le nombre des récidivistes
pendant l'année 1859, M. le Ministre de l'Intérieur, dans un Rapport
à l'Empereur, a attribué ce résultat, en grande partie, à l'application
énergiquement suivie de la mesure qui permet de transporter les ré-
pris de justice pour rupture de ban.

CHAPITRE IV

Protestations.

Consignons, en terminant, diverses protestations contre la peine de mort.

Beccaria. — Quel est le sentiment général sur la peine de mort? Il est tracé en caractères ineffaçables dans ces mouvements d'indignation et de mépris que nous inspire la seule vue du bourreau, qui n'est pourtant que l'exécuteur innocent de la volonté publique, qu'un citoyen honnête qui contribue au bien général, et qui défend la sûreté de l'Etat au dedans, comme le soldat la défend au dehors.

La rigueur du châtiment fait moins d'effet sur l'esprit humain que la durée de la peine, parce que notre sensibilité est plus aisément et plus constamment affectée par une impression légère mais fréquente, que par une secousse violente mais passagère. Tout être sensible est soumis à l'empire de l'habitude; et comme c'est elle qui apprend à l'homme à parler, à marcher, à satisfaire à ses besoins, c'est elle aussi qui grave dans le cœur de l'homme les idées de morale par des impressions répétées.

Le spectacle affreux mais momentané d'un scélérat

est pour le crime un frein moins puissant que le long et
continuel exemple d'un homme privé de sa liberté, de-
venu en quelque sorte une bête de somme, et réparant
par des travaux pénibles le dommage qu'il a fait à la
société. Ce retour fréquent du spectateur sur lui-même :
« Si je commettais un crime, je serais réduit toute ma
vie à cette misérable condition, » cette idée terrible
épouvanterait plus fortement les esprits que la crainte de
la mort, qu'on ne voit qu'un instant dans un obscur
lointain qui en affaiblit l'horreur.

VOLTAIRE. — On a dit, il y a longtemps, qu'un homme
pendu n'est bon à rien, et que les supplices inventés
pour le bien de la société doivent être utiles à cette société. Il est évident que vingt voleurs vigoureux, condamnés à travailler aux ouvrages publics toute leur vie, ser-
vent l'Etat par leur supplice, et que leur mort ne fait de
bien qu'au bourreau que l'on paie pour tuer les hommes
en public. Rarement les voleurs sont-ils punis de mort
en Angleterre ; on les transporte dans les colonies. Il en
est de même dans les vastes états de la Russie ; on n'a
exécuté aucun criminel sous l'empire de l'autocratrice
Elisabeth. Catherine II, qui lui a succédé, avec un génie
très supérieur, suit la même maxime. Les crimes ne se
sont pas multipliés par cette humanité, et il arrive presque toujours que les coupables rélégués en Sibérie y
deviennent gens de bien. On remarque la même chose
dans les colonies anglaises. Ce changement heureux nous
étonne, mais rien n'est plus naturel. Ces condamnés
sont forcés à un travail continuel pour vivre. Les occa-
sions du vice leur manquent : ils se marient, ils peu-

plent. Forcez les hommes au travail, vous les rendez honnêtes gens.

LÉOPOLD. — Nous avons reconnu avec la plus vive satisfaction pour notre cœur paternel que la *modération des peines, jointe à la plus exacte vigilance pour prévenir les crimes, et moyennant la prompte exécution des procès, et la promptitude et la certitude de la peine appliquée aux délinquants avérés,* bien loin d'en augmenter le nombre, a considérablement diminué les plus communs, et a rendu presque inouïs les plus atroces. C'est pourquoi nous avons pris la détermination de ne pas différer davantage la réforme de la législation criminelle, *en abolissant par une maxime constante la peine de mort,* comme non nécessaire dans le but que se propose la société, l'amélioration du coupable dont on ne doit jamais désespérer.

DUPORT. — Qu'est-ce que la mort? La condition de l'existence, une obligation que la nature nous impose à tous en naissant. Que fait-on en immolant un coupable? On hâte le moment d'un événement certain : voilà tout. *La mort n'est qu'un mauvais quart d'heure,* est un des propos habituels des scélérats ; ils regardent la mort comme un accident de plus dans leur état; ils se comparent au couvreur, au matelot, au soldat. Leur esprit s'habitue à ces calculs, et dès lors vos supplices perdent leur effet sur leur imagination. Il n'y a que la mort actuelle qui puisse être répressive : dès que son image ne se présente plus que dans un avenir éloigné, elle s'enveloppe de nuages et cesse d'être un motif ou un obstacle.

Quoi ! vous n'avez que la mort à offrir au crime et à la vertu ; vous la montrez également au héros et à l'assassin ! Il est vrai que vous la montrez à l'un comme un devoir associé à une gloire immortelle, à l'autre comme un supplice ignominieux ; mais qu'importe cela au scélérat ! L'infamie ne le touche pas, il ne voit dans le supplice que son effet matériel, et la mort n'est pour lui qu'un *mauvais quart d'heure.*

MITTERMAIER. — L'immolation sanglante accomplie par la société agit sur les êtres grossiers qui y assistent, comme la vue du sang sur les animaux sauvages ; elle réveille et irrite leurs instincts sanguinaires. La société, instituée pour protéger les droits sociaux, a épuisé tous ses pouvoirs quand elle prive le criminel de sa protection. Retirer de la tête du coupable sa main tutélaire et l'abandonner à tous les hasards de la vie sauvage, c'est donc tout ce qu'elle pourrait faire, si elle ne trouvait dans son but même une attribution plus haute, qui est de le relever de sa chute et de l'initier à la vie morale.

DUPIN. — On devrait l'abolir : on le devrait surtout en matière politique, où il n'est guère d'accusé dont on ne regrette la perte six mois après l'avoir condamné.

Cette opinion n'a plus le mérite de la nouveauté. Un grand nombre d'écrivains généreux ont, depuis longtemps, émis le vœu de voir la peine capitale disparaître du code des nations civilisées.

On ne peut plus même dire que ce soit une utopie. La théorie a été mise en pratique par Catherine, par

Joseph II, par Léopold ; elle est en pleine vigueur dans plusieurs districts des États-Unis d'Amérique.

Politiquement parlant, est-il bien d'accoutumer le peuple au spectacle du sang, et d'avoir une centaine de bourreaux en titre d'office, dont le métier habituel est de tuer les gens ?

Objectera-t-on que, sans cette peine cruelle, les crimes deviendraient trop communs ? L'expérience prouve le contraire. On a remarqué, en effet, que les scélérats se familiarisaient plus aisément avec l'idée de la mort, et surtout d'une mort prompte, qu'avec celle d'une souffrance longtemps prolongée.

Sedillez. — La première législation est celle qui prévient les crimes ; la seconde, celle qui les réprime. La peine de mort ne prévient rien, ne réprime rien ; elle n'est qu'un vain et affreux spectacle, qui nuit à la société par l'exemple de férocité qu'il donne au peuple. Pour les bons citoyens, c'est un objet de compassion ou d'indignation contraire au but qu'on se propose. La présence d'un homme souffrant efface l'idée de son crime et le rend même intéressant. L'homme pervers vient à l'échafaud pour s'y convaincre que mourir n'est qu'un mauvais moment ; il s'en retourne plus endurci, plus déterminé au crime.

Ch. Lucas. — Tout est bouleversé avec l'échafaud ; il n'y a que de la brutalité et de la profanation de notre nature dans ce coup de hache qui enlève cette puissance de remords qui donne une peine au passé et rend la vertu à l'avenir.

Il n'y a que de l'athéisme dans ce coup de hache qui ravit à l'homme la responsabilité de sa destinée, et qui le met dans la tombe avec son crime tout entier.

Et quant à la sanction populaire, que devient la honte? Elle n'a pu couvrir d'une rougeur salutaire ce front si promptement abattu; c'est donc sur une honnête famille qu'elle va injustement se répandre? Étrange position de la justice humaine, réduite alors à l'épargner au crime pour en préserver l'innocence! Ce n'est donc point assez que l'échafaud enlève le crime tout vivant à la honte, il faut encore qu'il lui ferme jusqu'aux portes de son tombeau! Ainsi le coup de hache n'imprime que des taches de sang au front de l'homicide.

La sanction de la guillotine exclut donc et anéantit toutes les autres. Elle détruit notre dignité, méconnaît notre nature et bouleverse les plans sublimes de la providence en ce monde et ses fins dans l'autre.

CHAUVEAU ET FAUSTIN HÉLIE. — On s'est demandé s'il est bien certain que, dans l'état actuel de la société, qu'au degré de civilisation où elle est parvenue, la peine capitale soit indispensable à son existence, à sa sécurité; s'il est bien constaté que ce soit là, suivant l'expression de M. de Maistre, le pivot sur lequel elle se meut; s'il est prouvé que, dénuée de cette arme terrible, elle deviendrait la proie d'attentats plus violents, de crimes plus atroces; enfin si les peines ne peuvent pas, sans danger, devenir moins sévères lorsque les mœurs s'adoucissent, et que l'aisance générale y rend les hommes plus sensibles.

On peut reprocher à la peine de mort d'être *inégale, indivisible* et irréparable. Elle est *inégale :* excessive pour les uns, pour d'autres elle est presque nulle ; et c'est à mesure qu'elle sévit sur la classe la plus dépravée et la plus redoutable des malfaiteurs, que son action est souvent faible et incertaine. Elle est *indivisible* : *maximum* immuable, elle s'applique à des crimes variés et distincts les uns des autres ; elle confond toutes les nuances, toutes les gradations du crime dans une même punition. Enfin elle est *irréparable* : « Ici, dit M. Rossi, viennent échouer tous les raisonnements de ceux qui osent encore l'appliquer à un grand nombre de crimes, aux crimes difficiles à constater. »

JAMES MACKENTOSH. — C'est par la nécessité seule que la peine capitale peut être justifiée. On ne peut la défendre que comme on justifie la guerre et toute autre attaque ouvertement dirigée contre la vie de l'homme, c'est-à-dire en soutenant que le droit de défense naturelle l'exige.

Avant d'ôter la vie à un homme, même en conséquence de ce droit, il doit être prouvé qu'il n'existe pas d'autre moyen de prévenir la violation de la sûreté publique que le sacrifice du coupable. Le fardeau de cette démonstration retombe donc sur ceux qui prétendent maintenir le fréquent usage de ce sacrifice.

L'excessive sévérité non seulement ne réprime pas le crime, mais elle dégrade et rend moralement inutile le caractère de la peine. Quand la peine n'est pas en harmonie avec le sentiment de la nature humaine, quand les idées des hommes ne s'accordent pas avec son application, elle est neutralisée, et cesse de produire un effet salutaire sur les mœurs publiques.

DE GÉRANDO. — Peut-on dire, en conscience, que lorsqu'on guillotine un faux monnayeur ou un assassin, il n'y a pas d'autre moyen de préserver la société? Comment! vous pouvez l'empêcher de nuire, même pour toujours, en le privant de sa liberté, et ensuite le réformer, etc., etc.

De même que le meurtrier n'est dans le cas de légitime défense que lorsqu'il n'a que ce seul moyen de conserver sa vie, ainsi la société ne peut légitimement exercer le droit de vie et de mort.

DE BROGLIE. — Tous les chrétiens croient fermement que cette courte vie a été donnée à l'homme pour en mériter une meilleure; que tous les instants qui nous sont comptés doivent être employés dans ce but, qu'il n'est aucun de ceux qui nous restent à vivre, jusques et y compris le dernier, qui ne puisse, s'il est sanctifié par le repentir, obtenir grâce pour nous devant la miséricorde divine.

Eh bien! l'on s'est demandé de quel droit l'homme abrégerait-il pour son semblable ce temps d'épreuves, déjà si court, et dont l'éternité dépend? De quel droit préviendrait-il peut-être pour son semblable le moment du repentir?

PASTORET. — Un homme m'attaque, je ne puis me défendre qu'en le tuant; je le tue. Pour que la société fasse de même, il faut qu'elle ne puisse faire autrement.

SERVAN. — Qui sait si nous n'imiterons pas cette illustre souveraine qui marqua l'avènement de son règne par l'abolition de la peine de mort?... Tel est notre esprit, qu'un supplice nous paraîtra moins rigoureux dès qu'il sera moins doux que tous les autres....

Nous avilirons-nous jusqu'à nous croire incapables d'une règle si douce? Nous qui sommes si sensibles à l'honneur, qu'avons-nous besoin de mourir pour un crime? Commençons par en rougir.

LEPELLETIER SAINT-FARGEAU. — Vous menacez de mort les grands criminels; mais les grands crimes ne sont pas commis par des êtres ordinaires. L'atrocité en est le principe; mais l'atrocité tient à la force dont elle est l'abus. Les grands criminels ont presque toujours de commun avec les plus vertueux des hommes, les héros même, le mépris de la mort.

Quel saint et religieux respect vous imposerez pour la vie des hommes, lorsque la loi elle-même abdiquera le droit d'en disposer! Tant que le fer sacré n'est pas suspendu au fond du sanctuaire, le peuple qui l'aperçoit pourra céder à l'illégitime pensée de s'en attribuer l'usage; il offensera la loi en voulant la défendre; il peut être coupable et cruel par patriotisme et par vertu, dans les secousses d'une révolution, dans les premiers élans de la liberté!....

LE DOCTEUR PERQUIEN. — Il ne se fait pas une seule exécution publique où il n'y ait au moins une victime innocente immolée en même temps, et par contre-coup, à cette barbare institution.

LIVINGSTON. — Que demandons-nous? Que vous aban-

donniez une expérience imperturbablement suivie depuis
cinq ou six mille ans, modifiée de toutes les manières et
sous toutes les formes qu'a pu inventer le génie de la
cruauté dans tous les âges, et qui a toujours manqué son
effet. Vous avez fait votre essai: il a été accompagné
d'une dévastation incalculable de l'espèce humaine,
d'une dégradation affligeante de l'entendement humain;
il a été trouvé souvent fatal à l'innocence, fréquemment
favorable aux criminels, toujours impuissant pour réprimer le vice. Vous avez à votre gré et sans obstacle
poursuivi l'œuvre de la destruction, toujours témoins de
la progression des crimes, et toujours supposant qu'une
progression de sévérité était le seul moyen de les réprimer. Mais comment se fait-il que n'apercevant, malgré
tout, nulle relâche dans la répétition, nulle diminution
dans le nombre des crimes, il ne vous soit pas venu une
seule fois dans l'esprit que la douceur pourrait réussir
peut-être où avait échoué la sévérité?

LAMARTINE. — Dans l'état actuel d'une société armée
d'une force suffisante pour réprimer ou punir sans verser le sang, éclairée d'une lumière suffisante pour substituer la sanction morale, la sanction corrective, à la
sanction du meurtre, cette société peut-elle légitimement rester homicide? La nature, la raison, la science
répondent unanimement : Non. Les plus incrédules
hésitent. Pour eux, au moins, il y a doute. Or, le
jour où le législateur doute d'un droit si terrible, le jour
où, en contemplant l'échafaud ensanglanté, il recule
avec horreur, et se demande si, pour punir un crime, il
n'en a pas peut-être commis un lui-même; de ce jour,

la peine de mort ne lui appartient plus. Car qu'est-ce qu'un doute qui ne peut se résoudre qu'après que la tête a roulé sur l'échafaud? qu'est-ce qu'un doute auquel est suspendue la hache de l'exécuteur, et qui la laisse tomber sur une vie d'homme? Ce doute, Messieurs, s'il n'est pas encore un crime, il est bien près d'être un remords!...

On a de tout temps effrayé l'imagination d'un débordement de crimes à chaque adoucissement des supplices. Les supplices, les tortures ont été abolis, et la statistique du crime est restée à peu près la même. L'état de la société a eu sur le nombre ou la rareté des crimes plus d'influence que l'état de la législation. La Toscane a supprimé la mort, et a vu réduire à rien les crimes contre les personnes. A Naples et à Rome, l'introduction des pénalités françaises a réduit les assassinats à trente pour cent. En Russie, où, pendant les quatre-vingts dernières années, il n'y a eu que quatre exécutions capitales, les crimes contre la vie diminuent chaque jour. En France, nous avons porté la peine de mort contre l'infanticide, et l'infanticide n'a pas diminué. La statistique démontre que les crimes diminuent en raison de l'éducation et de l'aisance des populations, et que la sobriété des peines tempère la férocité du crime.

Les lois sanglantes ensanglantent les mœurs. Là est le vice de ces lois d'intimidation par le meurtre.

L'intimidation par la peine de mort a sans doute quelque efficacité dans un petit nombre de cas; mais cette intimidation est bien faible dans un temps où les convictions religieuses affaiblies ne laissent voir dans la mort qu'une seconde de douleur, à peine sentie, sans consé-

quence au delà du tombeau; dans un temps où le sui-
cide, la mort choisie, la mort volontaire, est tellement
multiplié, que l'homme joue avec sa vie comme avec une
chose vile, où il verse son sang comme l'eau, où il in-
vente tous les jours des moyens rapides et doux de quit-
ter la vie comme on quitte un supplice. Croyez-moi,
croyez-en les faits, dans un temps pareil, ce n'est pas la
mort qu'il faut apprendre à craindre, c'est la vie qu'il
faut apprendre à respecter!

N'hésitons donc pas davantage, Messieurs; rendons-
nous à ces symptômes évidents de l'opinion publique, à
ces pétitions signées avec un religieux sentiment, à cette
horreur du peuple pour l'échafaud, qui le fait reculer
d'année en année de vos places publiques jusque dans
vos faubourgs les plus reculés; à ces scrupules des jurés,
qui refusent à la loi des condamnations capitales que
leur conscience leur défend. N'attendez pas que le crime
cesse entièrement! c'est à vous de commencer. La société et le criminel se regarderont-ils éternellement l'un
l'autre pour savoir lequel cessera le premier de verser le
sang? Commencez, et ne craignez pas ces périls dont on
vous effraie. Non, la clé de voûte de la société n'est
pas la mort! la clé de voûte de la société, c'est la mora-
lité de ses lois!

Victor Hugo. — Faut-il vous le redire sans cesse ?
Cet homme, pour se reconnaître et s'amender, et se dé-
gager de la responsabilité accablante qui pèse sur son
âme, avait besoin de tout ce qui lui restait de vie. Vous
lui donnez quelques minutes! De quel droit? Comment
osez-vous prendre sur vous cette redoutable abrévia-

tion des phénomènes divins du repentir? Vous faites plus que de tuer un homme, vous tuez une conscience.

De quel droit constituez-vous Dieu juge avant son heure? quelle qualité avez-vous pour le saisir? est-ce que cette justice-là est un des degrés de la vôtre? est-ce qu'il y a plain-pied de votre barre à celle-là? De deux choses l'une : ou vous êtes croyant, ou vous ne l'êtes pas. Si vous êtes croyant, comment osez-vous jeter une immortalité à l'éternité? si vous ne l'êtes pas, comment osez-vous jeter un être au néant?

Messieurs, il y a trois choses qui sont à Dieu et qui n'appartiennent pas à l'homme : l'irrévocable, l'irréparable, l'indissoluble. Malheur à l'homme, s'il les introduit dans ses lois! Tôt ou tard elles font plier la société sous leur poids, elles dérangent l'équilibre des lois et des mœurs, elles ôtent à la justice humaine ses proportions, et alors il arrive ceci, réfléchissez-y, Messieurs, que la loi épouvante la conscience.

Ortolan. — Cependant tout n'est pas dit, lorsqu'on a démontré la justice et la nécessité possible de la peine de mort contre certains crimes. Il est une dernière qualité substantielle que doivent avoir les peines humaines pour être admissibles dans un système répressif rationnel : c'est celle d'être révocables. Révocables, car les jugements des hommes sont sujets à erreur : une fois, une seule fois, vinssent-ils à frapper sans retour un innocent, ce serait un malheur public! Révocables, car les situations, les intérêts, les caractères peuvent changer, l'amendement moral pourrait se produire : une fois la société satisfaite quant au passé, et garantie quant à l'avenir, quelle serait la raison d'être de la peine ? pourquoi la peine ne sera-t-elle pas révoquée ? Or, qui révoquera la mort, lorsqu'elle aura été donnée ? qui rappellera la vie après la destruction ? Trois fois, à notre connaissance, depuis dix ans environ, deux en France, une en Angleterre, des malheureux, dont l'innocence a été plus tard judiciairement reconnue, ont été condamnés pour crime capital ; une déclaration de circonstances atténuantes en France, une commutation de peine en Angleterre, leur ont épargné la peine de mort : que serait-ce si cette peine eût été exécutée ? et nous ne parlons que des erreurs que la justice a elle-même constatées. Ni pour l'amendement moral (1), ni pour les vicissitudes des événements, ni pour les erreurs reconnues, la peine de mort ne réserve l'avenir : à ce seul titre, aux yeux de la science, elle est condamnée. Elle peut être juste, suivant la mesure absolue et idéale de la culpabilité en crime d'homicide prémédité ; elle peut être nécessaire, suivant les temps, les lieux, les mœurs et les situations, mais elle n'est pas révocable.

Le travail du progrès humain doit être de parvenir à la faire disparaître.

ROSSI. — La peine de mort est un moyen de justice extrême, dangereux, dont on ne peut faire usage qu'avec la plus grande réserve, qu'en cas de véritable nécessité, qu'on doit désirer de voir supprimer complètement, et pour l'abolition duquel le devoir nous commande d'em-

(1) Mittermaier rapporte le fait suivant : Un prêtre, qui avait assisté 167 condamnés à mort, demandait à tous : « Avez-vous vu une exécution ? » et 161 ont répondu *affirmativement*.

ployer tous nos efforts, en préparant un état de choses
qui rende l'abolition de cette peine compatible avec la
sûreté publique et particulière.

Quel danger pourra courir la société en *transportant*
les assassins au lieu de les *tuer* ?

La crainte de rares évasions peut-elle compenser la
calamité publique d'envoyer un *seul* innocent à l'échafaud ?

Pourquoi craindre une recrudescence de crimes en
modérant les peines (1) ?

Les faux monnayeurs n'ont pas augmenté depuis qu'ils
ne sont plus frappés de la peine capitale.

L'infanticide avait diminué après la loi de 1824 (2).
Ce n'est qu'à partir de la suppression des tours qu'on
constate une déplorable progression.

Ainsi donc, plus d'échafauds, plus de spectacles san-
glants corrupteurs des mœurs ; plus *de pieux menson-
ges* pour éluder la loi ; plus de remords, plus de terrible

---

(1) Au congrès de Gand, M. Bury, avocat à Liége, a constaté
que dans sa province où la peine de mort n'est plus appliquée, la
criminalité est moindre qu'ailleurs. Le même fait s'est produit dans
le temps en Toscane, lors de la première abolition, sous le règne
du grand-duc Léopold.

(2) Cette loi permettait aux cours d'assises de commuer la peine de
mort en celle des travaux forcés à perpétuité.

responsabilité ; enfin, plus de mutilations attentatoires à l'humanité.

L'institution du bourreau a fait son temps; déshonorante pour le XIXe siècle, elle est indigne d'une nation chrétienne !

STATISTIQUE

Commutations de peine. — Bilan criminel de l'Angleterre. — Abolitions partielles.

En relevant les résultats obtenus de 1825 à 1840, on trouve que les condamnations à mort ont été en moyenne de 110 de 1825 à 1831, de 55 de 1831 à 1835, de 39 de 1836 à 1840.

Il a été prononcé 499 condamnations à mort pendant les dix dernières années (1850 à 1860). C'est en moyenne 50 par année. Mais ce nombre moyen a été de 56, de 1851 à 1855 ; et de 43 seulement de 1856 à 1860.

Pendant cette période décennale, près de la moitié des condamnés à mort, 46 sur 100 étaient illitérés, 49 sur 100 étaient repris de justice.

Sur les 284 condamnations prononcées en 1825 et 1826, 51 seulement furent commuées.

En 1840 sur 51 condamnés, 45 furent exécutés.

De 1850 à 1860 les condamnations à mort ont été exécutées à l'égard de 278 condamnés (56 sur 100), 4 se sont suicidés et un cinquième est décédé avant l'exécution de l'arrêt ; les 216 autres (43 sur 100) ont obtenu de la clémence de l'Empereur la commutation de la peine capitale : 209 en celle des travaux forcés à perpétuité, 1 en 20 ans de travaux forcés, 6 en réclusion perpétuelle.

La proportion des condamnations à mort exécutées avait été de 64 sur 100, de 1826 à 1850. En 1861, on ne compte que 26 condamnations à mort.

Les réclusionnaires ont une large part dans les grâces et commutations de peines.

En 1858, la clémence impériale s'est étendue sur 821 condamnés.

En 1859, 479 hommes et 53 femmes ont obtenu la remise complète de leur peine.

De 1856 à 1860, les concessions de grâces ou commutations ont été, aux présentations faites par l'administration, dans le rapport de 67 sur 100 pour les condamnés aux travaux forcés de Toulon, de Cayenne ou de Belle-Isle, et de 59 sur 100 pour les condamnés détenus dans les maisons centrales ou dans les prisons départementales.

Il résulte de ce relevé deux faits incontestables : c'est que du moment que l'opinion publique a pu se prononcer par l'organe des jurés, les condamnations à mort ont sensiblement diminué, et que le souverain fait de jour en jour un usage plus fréquent de la plus belle de ses prérogatives.

Il n'est pas sans intérêt de comparer notre bilan criminel avec celui de l'Angleterre.

On trouve dans ce dernier que, de 1831 à 1836, le meurtre était quatre fois plus fréquent, l'assassinat au moins de moitié, l'incendie un peu plus rare, les vols quatre fois plus nombreux, la bigamie huit fois, et le faux témoignage dans la même proportion qu'en France.

Ce n'est pas à l'impunité qu'on a pu attribuer la mul-

tiplicité des crimes, attendu qu'il y avait neuf fois autant
d'individus condamnés par année moyenne, dans la
Grande-Bretagne qu'il y en a en France proportionnelle-
ment à la population, les condamnations à mort étaient
vingt-deux fois plus nombreuses et les exécutions au delà de trois fois.

Ces chiffres, extraits de documents officiels, prouvent,
dit M. Moreau de Jonnès : 1° l'inutilité des gibets ;
2°, l'erreur de ceux qui accusent d'un débordement de
perversité la France telle que l'a faite la Révolution.

« Cette situation a bien changé depuis le statut ou
acte du 14 août 1855, qui autorise les juges de paix de
canton de juger sommairement, *pourvu que les prévenus
y consentent*, les vols domestiques, les vols simples, les
escroqueries et les abus de confiance. Ces délits ont diminué tout à coup d'un tiers en 1856 et 1857.

« Si l'on sépare, parmi les individus traduits devant
le jury anglais, ceux qui sont poursuivis pour des actes
qui ne constituent en France que des délits, afin de ne
comparer que des infractions qui, en raison de leurs circonstances aggravantes, seraient des crimes chez nous,
on trouve que le nombre des accusés de crimes contre
les personnes, en Angleterre, atteint à peine la moitié
du nombre des mêmes accusés en France, tandis que le
nombre des accusés de crimes contre les propriétés, y
est plus faible que chez nos voisins, quoique notre population soit double de la leur (1). »

(1) Extrait du compte rendu de la justice criminelle en 1857.
En 1856 le nombre des récidivistes a été de 16 0/0 sur 2,007 criminels rendus à la liberté. Celui des malfaiteurs connus de la police
ne s'élève pas à moins de 123,049 (Lettres de Londres, le *Temps*.)

Voici les diverses restrictions qu'a subies, depuis 36 ans, l'application de la peine de mort.

Une loi de 1824 a autorisé les cours d'assises de commuer la peine de mort en celle des travaux forcés pour la mère coupable d'infanticide.

Elle a été abolie dans neuf cas lors de la révision pénale de 1832 : 1º les complots non suivis d'attentats ; 2º la fabrication ou émission de fausse monnaie d'or ou d'argent ; 3º la contrefaçon ou l'usage des sceaux de l'Etat, effets du trésor public ou billets de banque ; 4º plusieurs cas d'incendie ; 5º le meurtre joint à un délit, quant la relation de cause à effet n'existe pas entre les deux faits ; 6º le vol avec les cinq circonstances aggravantes ; 7º le recel d'objets volés, quand le vol est puni de mort ; 8º l'arrestation exécutée avec faux costume, sous un faux nom ou sous un faux ordre de l'autorité publique ; 9º l'arrestation illégale avec menace de mort.

La constitution de 1848, art. 5, a aboli cette peine en matière politique.

En résumé, la peine de mort était applicable à cent quinze cas sous l'ancienne législation ; néanmoins, malgré les réductions opérées en 1810 et en 1832, elle se trouve encore édictée *trente fois* par nos lois criminelles. (¹)

(1) Art. 56, 75, 76, 77, 79, 80, 81, 83, 86, 87, 91 à 97, 125, 233, 302, 303, 304, 316, 344, 365, 434, 435, 437 du code pénal ; loi du 3 mars 1822, relative à la police sanitaire ; loi du 15 juillet 1845, sur la police des chemins de fer.

RÉHABILITATION SOCIALE

DES LIBÉRÉS

RÉHABILITATION SOCIALE

DES LIVRES

> La société doit beaucoup se préoccuper des libé-
> rés, car leurs vices et leur misère sont un danger
> social. Mais comment convient-il de venir à leur
> secours? C'est là une question d'une difficulté
> extrême.
>
> DE TOCQUEVILLE.

A leur sortie de prison, les libérés, en butte à la ré-
pulsion générale, se trouvent fatalement exposés à de
nouvelles rechutes, si la société et l'Etat n'étendent pas
sur eux une vigilante et permanente protection.

Avant de déterminer le caractère de cette intervention, recherchons les causes du grand nombre de récidivistes, véritable plaie sociale; nous proposerons après
le remède le plus efficace.

C'est principalement aux vices du régime pénitentiaire qu'il faut attribuer un état de choses aussi déplorable.

Si, d'une part, l'humanité exige qu'on n'impose pas Maisons centrales.
aux condamnés des rigueurs inutiles, d'autre part, il est
dangereux de céder à l'entraînement d'une philanthropie
mal entendue, qui ne tend à rien moins qu'à rendre le

sort d'un détenu préférable à celui d'un honnête ouvrier, soumis à un travail pénible pour subvenir aux besoins de sa famille.

En France, les réclusionnaires sont mieux nourris que les cultivateurs (1).

Ils ont le pot au feu le dimanche. Leur pain est de la veille. La partie du gain qui leur est attribué, leur permet de se procurer à la *cantine* des vivres supplémentaires : du pain, des légumes, du laitage jusqu'à concurrence de 15 centimes par jour.

Ainsi, sécurité du *bien-être matériel*, sécurité d'un bénéfice qui varie de 15 à 20 centimes par jour, tel est le sort de ceux que la société entend *punir*.

Comparez-le avec celui des ouvriers des grandes villes, luttant avec résignation contre le renchérissement incessant des loyers et des vivres, contre les chômages périodiques et les éventualités des crises commerciales !

Mais, objectera-t-on, vous ne comptez donc pour rien la privation de la liberté ?

Sans doute, c'est une forte punition pour ceux qui

(1) Le service alimentaire est réglé par le cahier général des charges, dressé en 1830, à la suite des travaux auxquels s'était livrée, depuis dix années, l'administration secondée par la Société royale des prisons : une ration de pain (tiers seigle, deux tiers froment), un litre de soupe, contenant 90 grammes de pain blanc, des légumes, et le dimanche 150 grammes de viande, composent l'alimentation.

Le coucher consiste en un matelas de 4 kilog de laine et 2 kilog. de crin, une couverture de laine de 2 kilog. 500 cent. et une seconde de coton pour l'hiver.

Le costume pénal se compose d'un habillement de droguet, fil et coton pour l'hiver, de toile pour l'été, de sabots et chaussons. (Extrait du rapport de M. Louis Perrot, directeur de l'administration des prisons et établissements pénitentiaires.)

sout souvent entraînés par la misère ou l'ignorance, à commettre une faute ; mais ce n'est plus un châtiment pour les *endurcis* qui subissent jusqu'à cinq et dix condamnations (¹).

« Les maisons centrales sont autant de manufactures, a dit M. Léon Faucher, en attendant que ce soient des maisons pénitentiaires. Ce sont autant de palais, si on les compare aux prisons départementales. »

Enfin, on ne peut pousser plus loin la sollicitude vis-à-vis de gens qui témoignent leur reconnaissance par de fréquents retours (¹).

En présence du nombre croissant des récidivistes, il faut reconnaître que la peine qui est subie dans les maisons centrales, est loin d'être *exemplaire*.

La prison doit être un lieu de correction et autant que possible de moralisation, afin que si, à sa sortie, le délinquant n'est pas rendu meilleur, il faut ou moins que la peine, sans être trop dure, ait été assez efficace pour le retenir à l'avenir dans le devoir par la crainte d'une nouvelle épreuve, en conciliant les droits de l'humanité avec ceux d'une juste répression.

(1) De 1856 à 1860 les récidivistes qui n'avaient subi qu'une seule condamnation, forment moins de la moitié du nombre total, et on en compte près d'un vingtaine qui avaient subi au moins dix condamnations. Pour plusieurs le nombre de vingt à quarante.

(2) De 1851 à 1860, il est sorti des 16 maisons centrales d'hommes 65,170 condamnés libérés, 5,850 de la réclusion et 59,320 de plus d'un an d'emprisonnement ; soit, en moyenne, 6,517 des uns et des autres. Pendant la même période, il a été libéré des huit maisons centrales de femmes 15,893 condamnées qui avaient subi : 1,262 la réclusion, 14,431 l'emprisonnement de plus d'un an ; c'est par année moyenne, 1,589 libérées des deux catégories.

(Extrait du compte-rendu de la justice criminelle.)

On a cru un moment trouver ce desideratum dans les régimes cellulaires d'Auburn, ou mieux de Gand (car c'est dans cette ville que le premier essai eut lieu en 1772), et dans celui de Philadelphie.

Le premier a pour base la terreur des châtiments; le second consiste à enfermer le prisonnier dans une cellule d'où il ne doit plus sortir. (1)

Dans l'un, le condamné n'a point d'espoir de faire abréger la durée de sa peine par sa bonne conduite; en outre il est soumis aux châtiments corporels.

Dans l'autre, la moindre infraction à la règle est punie d'un emprisonnement dans un cachot obscur, avec réduction de nourriture.

L'isolement absolu, en plaçant le coupable en face de son crime, avec l'espoir de l'amener insensiblement au repentir, n'est qu'une pure illusion de la philanthropie.

C'est, de plus, infliger une peine *inégale*, attendu que tous les condamnés ne la supportent pas avec la même énergie, et que quelques-uns sont atteints d'aliénation mentale ou se suicident.

Au lieu de l'appliquer aux réclusionnaires, dont la plupart sont déjà *corrompus*, on a bientôt reconnu qu'il

(1) En Angleterre l'emprisonnement cellulaire à séparation continue ne dépasse pas neuf mois. Il a été abandonné en Suisse et en France depuis 1853.

Dans la prison cellulaire de Gand, voici comment ce régime est appliqué : Le *patient* ne voit pas même le geôlier; les aliments arrivent par un tour; dans le préau étroit il descend seul, et il a un voile sur le visage avec un trou seulement pour les yeux. Quelle pénalité raffinée, digne des plombs de Venise, des cabanons de Bicêtre!

était plus rationnel de la réserver pour les prévenus, comme cela se pratique à Mazas. Il serait à désirer qu'on étendît cette mesure à toutes les prisons départementales.

Avec de fréquentes visites des aumôniers, avec le travail obligatoire et deux promenades par jour, on pourra supporter la cellule pendant une année au plus sans inconvénient moral et physique. Étendre cette peine au-delà, c'est pousser la rigueur jusqu'à l'inhumanité.

Dans l'intérêt de la réforme pénale, il est de toute nécessité de supprimer les maisons centrales et de les remplacer par des colonies agricoles, soit à l'intérieur, soit à l'extérieur, destinées à l'emprisonnement de deux à cinq ans.

L'institution des colonies agricoles est toute moderne. Inspirée par la charité, elle a pour but la moralisation ; elle prévient le vice et le réprime, elle accomplit enfin une œuvre essentiellement humanitaire (¹).

Le travail pénible des champs empêcherait les détenus de former des projets qu'ils exécutent avec tant d'audace à la sortie de prison. En présence de la nature, l'âme

Colonies agricoles.

____

(¹) C'est en 1817 que le premier essai a été tenté, par la ville de Paris, en consacrant une maison à l'éducation correctionnelle de jeunes détenus.

En 1832 furent fondées les colonies suivantes : celle de Saint-Antoine (Charente-Inférieure), dirigée par l'abbé Fournier, admit également les enfants pauvres et abandonnés ; Petit-Bourg, colonie agricole et industrielle, près de Corbeil (Seine-et-Oise), et qui se transforma plus tard en colonie pénitentiaire, a été évacué en 1858 ; l'institution de Saint-Nicolas, ayant deux maisons, l'une à Paris, l'autre à Issy.

s'élève malgré soi vers le Créateur. La lassitude du corps préviendrait la corruption et le vice honteux si généralement répandu dans les prisons.

Ce mode de répression serait, en outre, un puissant auxiliaire à la richesse territoriale, à l'activité générale qui se porte vers l'agriculture, par le défrichement des terres incultes, par de grands travaux auxquels on soumettrait les condamnés, en leur réservant une part de salaire pour l'époque de leur libération. L'aride Sologne, si heureusement transformée grâce à une puissante initiative, possède encore des terres incultes, et la confection de ses chemins vicinaux exige de nombreux travailleurs (1).

Pendant la mauvaise saison on leur apprendrait à lire, écrire et compter. On établirait des ateliers pour plusieurs métiers.

Quant à la destination à donner aux bâtiments affectés aux maisons centrales, on pourra les utiliser pour établir, soit des dépôts de mendicité pour les infirmes, soit des refuges pour la vieillesse et pour les jeunes vagabonds.

Alors, les grandes villes seraient délivrées de tous ces mendiants, de tous ces faux estropiés ou mutilés, étalant des plaies dégoûtantes !

En 1839 MM. de Metz et de Courteilles établirent une colonie à Mettray, près de Tours, qui a servi de base au régime adopté par la loi du 5-12 août 1850 (2), sur

(1) Depuis 1827, le canton de Berne emploie des prisonniers à la confection des routes. Souvent, ils vont travailler sur des points éloignés, par groupes, sous la conduite de surveillants armés, qui ont le droit de faire feu sur les fugitifs.

(2) C'est en vertu de cette loi que la colonie correctionnelle de

l'éducation et le patronage des jeunes détenus. Puis vint Quévilly, près de Rouen, sous la direction de MM. Lecointe et Duhamel; le petit Mettray (Somme), fondé par le comte de Reynneville; l'établissement du digne abbé Fissiaux, à Marseille, où sont placés de jeunes détenus, condamnés en vertu de l'art. 67 du code pénal. Les autres établissements privés du Val d'Yère, de Citeaux, de Bordeaux, de Saint-Ilan, de Toulouse, de Montévrain et de Guermanez ne sont pas moins importants. Pour les filles, ceux d'Angers, de Strasbourg, de Lille, de Nazareth, de Vaugirard.

Aujourd'hui ces établissements sont au nombre de 58, dont 12 publics, colonies agricoles annexées aux maisons centrales (¹), quartiers correctionnels ou établissements départementaux, et 46 établissements privés, dont 22 colonies agricoles et 24 maisons de Bon-Pasteur, refuges, instituts, etc. (Rapport du ministre de l'intérieur à l'Empereur.)

La *Statistique des Prisons*, véritable anatomie de la criminalité, publiée depuis 1852, constate les excellents effets obtenus dans les maisons d'éducation correctionnelle (²).

Saint-Antoine (Corse), a été fondée, ainsi que le pénitencier agricole de Chiavari, pour les réclusionnaires et les correctionnels.

(1) C'est pour se conformer à l'esprit de la loi du 5 août 1850, qui donne la préférence aux établissements privés pour le placement des enfants, qu'on a supprimé les quartiers correctionnels annexés aux maisons centrales. Il n'existe plus que celui de Gaillon, où la séparation avec les autres détenus est complète (1859).

(2) Voici les principaux résultats, signalés dans le rapport pour l'année 1859 :

Au 31 décembre 1858, le nombre des jeunes détenus était de 9,336, dont 7,478 garçons et 1,858 filles; en 1857, il était de 9,896, dont

Ces chiffres prouvent surabondamment combien le système des colonies agricoles est répressif et moralisateur.

Les législateurs ne devraient donc pas hésiter plus

7,899 garçons et 1,997 filles. C'est une diminution, pour 1858, de 421 garçons et de 139 filles.

Les établissements privés en renfermaient 6,804 et les établissements publics 3,532, dont 2,137 dans les colonies annexées aux maisons centrales et la colonie publique de Saint-Antoine (Corse), et 393 dans les quartiers dépendant des maisons d'arrêt, de justice et de correction.

Les renseignements recueillis sur les enfants détenus en 1857 (9,896) constatent que 175 appartenaient à des parents aisés ; 4,937 à des familles vivant de leur travail ; 2,208 à des mendiants, vagabonds, prostituées ; 1,001 à des parents inconnus, décédés ; 1,015 à des repris de justice.

Avant leur entrée dans les maisons, 1,819 enfants avaient appris ou exerçaient des professions industrielles ; 826 des professions agricoles ; 6,700 étaient sans profession.

Après leur entrée, les enfants ont été classés, selon les métiers qu'ils exerçaient et suivant leur aptitude, de la manière suivante :

4,389 aux travaux agricoles, 4,143 aux travaux industriels, 525 aux services intérieurs ; 279 n'avaient pas encore de profession dans l'établissement au 31 décembre 1858.

En 1857, le nombre des enfants appliqués à des travaux industriels était supérieur de 248 à celui des enfants agriculteurs.

En 1858, au contraire, le chiffre des agriculteurs est supérieur de 246 à celui des industriels.

Des instructions formelles ont été données à l'inspecteur général des prisons, pour réduire les ateliers dans les plus strictes limites, et pour tourner autant que possible vers l'agriculture toutes les aptitudes physiques et intellectuelles de l'enfance.

Le nombre des libérés du 31 décembre 1857 au 31 décembre 1858, y compris ceux qui ont été graciés, placés ou rendus à leur famille, s'est élevé en 1858, à 2,086, soit 22/38 0/0 sur la population moyenne. En 1855, cette proportion n'était que de 16/47 ; en 1856, de 17/95, et en 1857, de 18/45.

A leur sortie des établissements, 392 savaient lire, 689 lire et écrire ; 782 lire, écrire et calculer ; 323 étaient complètement illettrés. Le

longtemps à étendre ce régime aux individus âgés de 20 à 30 ans, limite d'âge qui fournit aux prisons le plus fort contingent.

Il n'y a pas d'autre remède au mal que nous venons de constater, que le patronage (¹). Conclusion.

Procurer du travail au libéré et l'assister provisoirement, lui distribuer sa réserve avec une sage prévoyance, le conseiller et le surveiller, lui délivrer au bout d'un certain temps un livret sur lequel il ne serait pas fait mention de ses antécédents, le soustraire enfin à l'odieuse exploitation de certains maîtres, tel devrait être le mandat des patrons.

Il est essentiel de ne pas perdre de vue qu'il s'agit ici d'une assistance limitée, et non d'une œuvre de bienfaisance.

Ce serait alors provoquer la démoralisation, en accor-

nombre des libérés qui avaient appris un métier agricole, était de 923, dont 881 garçons et 42 filles ; un métier industriel, de 1,163, dont 822 garçons et 344 filles. Parmi ceux qui étaient en état de gagner leur vie, on compte 1,773 enfants ; 81 n'étaient pas en position de pourvoir à leurs besoins, par suite d'infirmités ou de mauvaise santé ; 181 par défaut d'instruction, 51 par défaut d'intelligence, 1,641 enfants libérés se sont retirés dans leurs familles ; 86 ont été confiés à des sociétés de patronage, 31 se sont engagés dans les armées de terre et de mer ; 230 ont été placés comme ouvriers, domestiques ou agriculteurs. (Rapport du ministre de l'intérieur à l'Empereur.)

(1) « Je voudrais qu'il s'établit une société de patronage général pour tous les libérés, à l'instar des sociétés partielles, formées pour les jeunes détenus mis en liberté. Ce vaste réseau, partant du centre, aboutirait aux extrémités du royaume, de sorte que tout libéré tomberait forcément sous une surveillance spéciale paternelle, bienveillante et active. »

(M. Guillot, entrepreneur de la maison centrale de Gaillon.)

dant une *prime* au vice, en incitant l'ouvrier honnête à commettre un délit pour participer aux mêmes avantages.

Nous pensons que tous les libérés, sans distinction, doivent être admis au bienfait du patronage.

Pour les amendés (ou qui paraissent tels), ce sera une tentative de régénération ; pour les incorrigés, une dernière épreuve.

Si ces précautions restent inefficaces, on se demande quel sera le moyen de protection et de correction dont la société sera en droit de disposer ?

Il faudra nécessairement recourir à notre législation de 1791, qui déclarait, qu'après avoir subi leur peine, les récidivistes seraient transférés, pour le reste de leur vie, au lieu fixé pour la déportation des malfaiteurs.

Quant à la mise sous la surveillance de la haute police, il faut reconnaître que les législateurs ont trop prodigué cette *aggravation* de peine, qu'ils auraient dû réserver pour les délits dénotant une grande perversité. Par les mesures assujettissantes dont elle est entourée, elle est une cause incessante de rechutes (¹).

---

(1) « Qu'arrive-t-il, quand un individu placé sous la surveillance de la haute police est arrivé dans la localité d'où il lui est interdit de sortir ? Le voilà plongé dans une population où il est un étranger ; veut-il trouver du travail, on lui demande ses papiers ; s'il les montre on y voit la lettre C (condamné), et alors on n'est guère disposé à lui donner de l'ouvrage. Dans cette situation, que devient-il ? Le désespoir peut s'emparer de lui. Il demande à aller dans une autre résidence, à 50 ou 60 lieues de distance. Voilà donc des condamnés nombreux, sillonnant les routes du pays. N'y a-t-il pas là un danger pour la sécurité publique ? C'est là, dans mon opinion, une des causes du nombre toujours croissant des récidives. Ma pratique judiciaire assez

Dans certains cas, ne serait-il pas convenable de laisser à l'administration le soin de l'appliquer, d'après les notes recueillies par les directeurs des prisons ?

Le Gouvernement devrait organiser une institution instamment réclamée par la sécurité publique.

Qu'à l'instar des sociétés de secours mutuels, on dote chaque ville, chaque chef-lieu de canton d'un comité de patronage, dont les jurys seront membres de droit.

On trouvera dans les Comices agricoles d'utiles auxiliaires qui donneront des terres à défricher aux jeunes libérés (1).

Le principe fécond, le souffle vivifiant de la fraternité ne fera jamais défaut en France, pour remplir cette généreuse mission !

longue ne me laisse aucun doute à cet égard. » (Extrait d'un discours prononcé par M. Aymé au Corps législatif.)

(1) Une tentative de ce genre, due à l'initiative de MM. Glatigny et Pistor, avocats, a lieu eu ce moment dans la Moselle, et obtient d'excellents résultats.

Ces honorables philanthropes ont également formé le projet d'établir des refuges, sur le modèle des colonies pénitentiaires, pour tous ces jeunes vagabonds reniés de leurs familles et fatalement exposés à la misère et au crime.

FIN

TABLE

Nimes. — Typ. Clavel-Ballivet et Cᵉ, rue Pradier, 12.

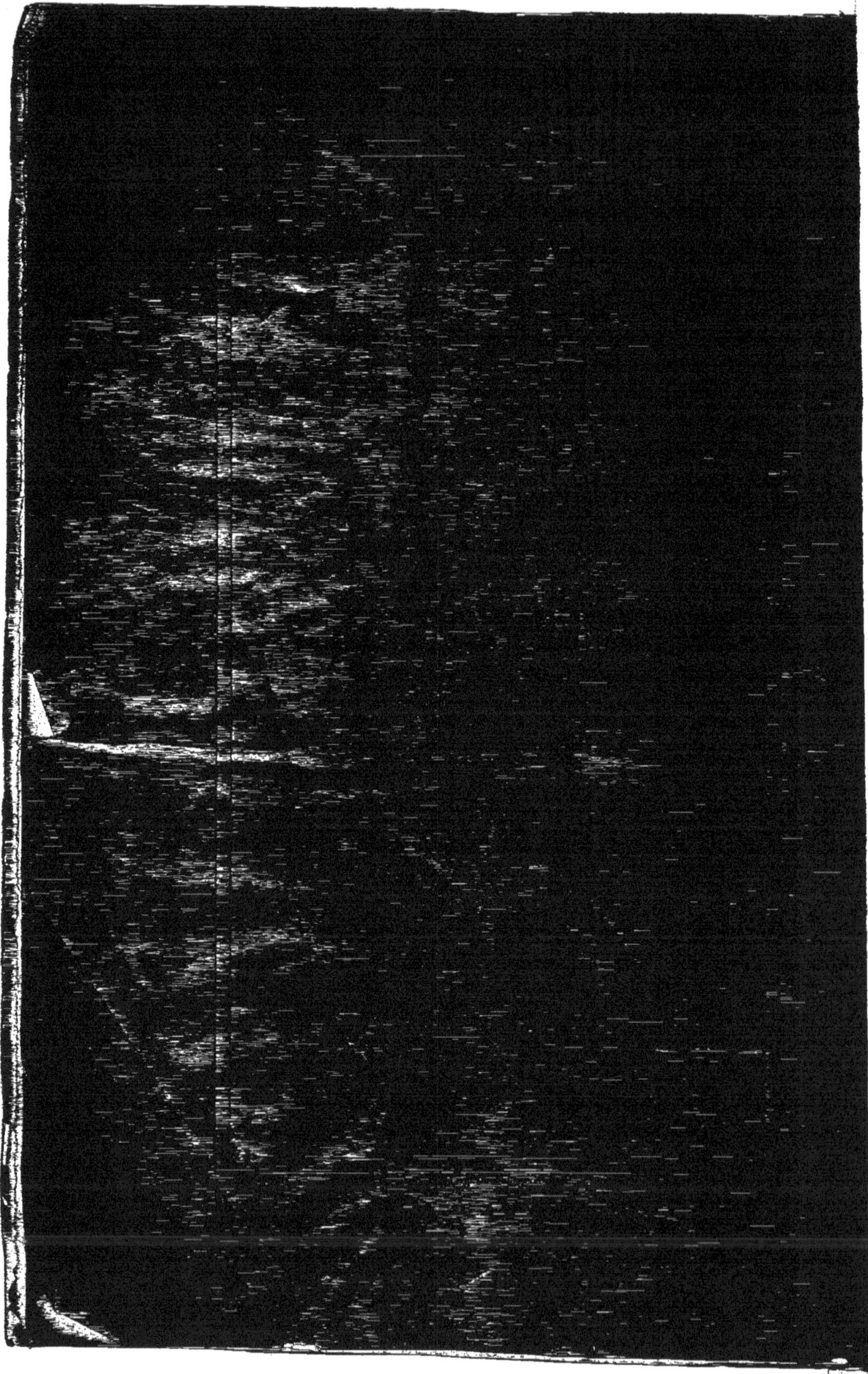

www.ingramcontent.com/pod-product-compliance
Ingram Content Group UK Ltd.
Pitfield, Milton Keynes, MK11 3LW, UK
UKHW020030100726
13658UKWH00003B/1231